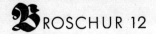ROSCHUR 12

Rüdiger Kremer Beschreibung einer Verfolgung

Rüdiger Kremer

Beschreibung einer Verfolgung

Mit Originalgraphiken von
Peter Brüning

Verlag Eremiten-Presse

/ beginnt zu erwachen und wehrt sich /
/ / /
/ liegt ganz still / verstärkt nicht den druck seiner lider / und
atmet / weiterhin gleichmäßig / durch den geöffneten mund /
liegt da / regungslos auf dem bauch / atmet weiterhin / durch den
geöffneten mund / und wehrt sich heftig / ganz zu erwachen /
hilft ihm das nichts / riecht er doch schon das zimmer / : den
leeren schrank und die kissen / dreht sich auf den rücken / wie
kranke sich drehen / freilich / ohne zu stöhnen / und öffnet die
augen / klappt sie auf / ganz ohne zu blinzeln und sieht /
: geradeaus nichts / nach einer leichten drehung des kopfes nach
links / den ausschnitt des fensters / in zwei tönen grau / zerlegt
in zwei felder / hell / da wo himmel ist / und dunkel der teil /
den das dach überschneidet des gegenüberliegenden hauses / /
/ / /

da ist auch / wieder die angst / die er so fürchtet / kann nichts tun
gegen die angst / nicht rauchen / nicht beten / nicht verse sagen /
kann sich nicht trösten mit dem gedanken an morgen / fühlt daß
er hände hat / knickt die daumen im rechten winkel nach innen /
schließt die finger darum / und legt die fäuste unter das kinn /
zieht die ellenbogen dicht an den leib und die knie / kreuzt die
füße / der spann des rechten berührt die sohle des linken / läßt
sich zur seite fallen / rollt sich ganz ein / und wühlt sich unter die
decke

will nicht mehr atmen / atmet / den warmen geruch seines körpers

so liegt er / bis sein rücken zu schmerzen beginnt / und die luft
wird ihm knapp

aufrecht sitzt er im bett / will hinter der stille / schritte verneh-
men / ein räuspern hinter der hand / das räuspern dessen der
sich anschickt lautes zu sagen / erwartet ein klopfen und dröh-
nende schläge gegen die tür / und stimmen / zwei oder drei /
: drei / zwei von männern und die seiner wirtin / die ruft seinen
namen und / : machen sie auf / er hat schon /   / den mund
geöffnet zur antwort /
da bleibt es still

er erschrickt noch einmal als er den mund schließt

ein auto fährt unten vorbei / das fensterkreuz wandert im tempo
des autos / gleitet / über die decke / zurück an seinen platz im
fenster / draußen wird es bald hell

er greift nach der lampe / tastet / findet den knopf / und spielt
mit dem druckpunkt / der stift kratzt leicht in der fassung / er

drückt nicht den knopf / macht nicht das licht an / steht auf und
sucht nach den schuhen / kann sie nicht finden / geht barfuß zum
fenster / umgeht einen tisch / faßt links die geschwungene lehne
des lehnstuhls und rechts dann die kante des schranks / schlüpft
in die nische / gebildet vom schrank und der schmalwand des
zimmers / und blickt auf die straße / da unten / kaum zehn meter
entfernt / steht nicht der schwarze wagen / und im rückfenster /
erleuchtet von der laterne / zeichnen sich nicht zwei köpfe ab
unter krempigen hüten / und sieht auch nicht / : das glimmen /
abgeschirmt hinter den händen / in rythmischem wechsel mit
rauch / der in langen fahnen aus dem nur leicht geöffneten fenster
zieht

jetzt ist er bestürzt / hebt die gardine / beugt sich weit vor / und
preßt sein gesicht an die scheibe / sieht nur / : zwei weiße VWs
und den Opel / die stehen wie immer / da erkennt er die list /
den billigen trick / sie stehen im haus gegenüber / hinter den
dunklen fenstern / und haben genau gesehen / : wie die gardine
sich hob / wahrscheinlich auch sein gesicht / an die scheibe ge-
preßt : er springt zurück in die nische / zu spät / die dummheit
macht er nicht wieder gut

: der plan / geplant / erwogen / verworfen / aufsneuegeplant /
gut daß es ihn nicht unvorbereitet treffe / der koffer ist längst
schon gepackt / es fehlen nur noch die wenigen sachen die man
so täglich braucht / er fährt sich über das kinn / seit langem
rasiert er sich abends / kaum spürt er stoppeln / er setzt sich
aufs bett / greift nach den zigaretten / den streichhölzern /
raucht / ist gar nicht so aufgeregt wie erwartet / und beob-
achtet / : das sich wandelnde grau oben im fenster

langsam gewinnen kontur / : der schrank / der runde tisch und
die stühle / der lehnstuhl mit der geschwungenen lehne / natürlich die blumen am fenster / kann schon unterscheiden an den
formen der blätter / : alpenveilchen und zimmerlinden / die
dunkleren flecken der wand erstarren zu bildern

auf dem leuchtzifferblatt seiner uhr sucht er die zeit ab

er raucht wieder / der bittere tabak hinterläßt ihm leichte übel-
keit

als er die gegenstände auf dem bord über dem spülstein erkennen kann / beginnt er zu packen / in den beutel aus grünem
wachstuch steckt er / die zahnbürste / seife / den rasierapparat
und die klingen / watte / rasierpinsel / blutstiller / zahnpasta /
heftpflaster / jod / die kopfschmerztabletten / sieht sich im spiegel / : was ist geblieben von dem der er war

er wäscht sich nicht mehr / ist ja längst wach / fühlt sich kaum elend / friert nur ein bißchen / draußen wirds hell / nackt steht er im zimmer
da steht er im zimmer / ist nackt / im zimmer wirds hell / er ist zu beschreiben:

                HAARE
                STIRN
   AUGE   AUGE
                NASE
           SCHNURRBART
                MUND
                KINN
                HALS

SCHULTER   SCHULTER

                BRUST

ARM   ARM
ELLENBOGEN   ELLENBOGEN

                BAUCH

                HAARE
            HODENSACK
                GLIED

   SCHENKEL   SCHENKEL

HAND   HAND

   KNIE   KNIE

   BEIN   BEIN

   FUSS   FUSS

alt ist er nicht / die haltung ist schlecht / er steht da / leicht vornübergebeugt / mit hängenden schultern
da wo die rippen sich treffen / trägt er einen granat / an einer silbernen kette

er kleidet sich an
angekleidet steht er im zimmer / sucht im schrank nach vergessenem / die fächer sind leer / überlegt / : nimmt er die bücher mit / greift eins vom bord / blättert / wetzt mit den seiten den daumen / klappt es dann zu und stellt es zurück / sorgsam / richtet es aus / bücher sind schwer / er wird sie verlassen
draußen ist märz
jetzt ist er bereit / die uhr zeigt ihm sieben / er braucht keinen fahrplan / hat längst im kopf / : der zug fährt nach neun / macht sich noch tee / den tee trinkt er heiß und süß / raucht noch zwei zigaretten / und andauernd gegen den wunsch ankämpfen sich zu rasieren / nur um noch irgendetwas zu tun /
er räumt nicht mehr auf / macht nicht sein bett / er greift nach dem koffer / der tasche / öffnet die tür zum flur / dreht sich nicht um / geht ohne die tür noch zu schließen / im briefkasten klemmen briefe / die zeitung / prospekte / jemand lädt ihn ein / für fünf mark nach hamburg mit kaffee und kuchen / er schiebt zurück durch den schlitz / : die zeitung / prospekte / die einladung nach hamburg / den brief im blauen couvert steckt er ein und öffnet die haustür
geht die straße hinab / wartet auf grün an der ampel staut sich da / setzt seinen koffer ab und öffnet den obersten knopf seines mantels / für märz sei es warm / der tag ist diesig / überquert mit andern die kreuzung / nimmt sich ein taxi / sagt halblaut : zum bahnhof / und sieht im rückfenster / : daß niemand ihm folgt / hinter ihm fährt kein mercedes / schwarz und älteren baujahrs / am bahnhof steigt er aus / zahlt für die fahrt / bahnt seinen weg durch die tauben / öffnet mit mühe die gläserne schwingtür mit den geflügelten rädern aus bronze / schimmernd und glatt das eine und dunkel und körnig das andere / geht gleich zum gepäckstand / gibt seinen koffer auf / wie zur bewahrung / erkennt / : sie lassen ihn also reisen / wissen sie doch wohin / aber er weiß es besser / löst einmal erster nach E. / er hat noch zeit bis zur abfahrt
geht hinaus durch die gläserne schwingtür / da liegt eine tote taube auf dem pflaster / und kinder spreizen ihre flügel
betritt ein cafe / bestellt sich ein frühstück mit ei / und holt aus der tasche des mantels / : einen umschlag mit karte / den füller / und seine börse / entnimmt einen geldschein / den steckt er in das couvert / schreibt auf die karte / : für Miete und Wäsche (März) / und / : herzliche Grüße / schiebt sie zum geld / leckt den gummierten rand und streicht ihn fest mit dem daumen / schreibt

in druckbuchstaben / : den namen die adresse seiner wirtin /
frankiert mit Lübke zu dreißig / köpft dann behutsam sein ei /
und löffelt / das gelbe zuerst dann das weiße / trinkt in kleinen
schlucken kaffee und ißt noch ein brötchen / ruft nach dem ober
und zahlt / streicht das wechselgeld ein / gibt ihm kein trinkgeld /
draußen hat es zu nieseln begonnen
in der bahnhofshalle steckt er den brief in den kasten / geht durch
die sperre zum bahnsteig / da steht schon der zug / steigt ein /
setzt sich ans fenster / kommt nicht zu früh / nicht zu spät
draußen pfeift einer anhaltend laut

das ist die beschreibung des aufbruchs

fährt im zug wie ein reisender / wie ein reisender sitzt er am
fenster / stellwerke bleibe stehen und signale / räder / kommen /
immerwieder / aus dem takt / er muster die reisenden / einer
versteckt seinen klugen kopf / ein mädchen zeigt beine und ein
weißes stück schenkel / zupft und der rand hellen fleisches verschwindet / tote gleise laufen sich tot / wiesen / umzäunungen /
äcker werden schon grün / drei plätze sind leer / an böschungen
liegt noch schnee / wenn er nicht wüßte daß das schnee sein
könnte / märzenschnee tut saaten weh / die glatten flächen der
braunen äcker reichen bis an / der horizont verschwindet ab und
zu hinter einer bodenwelle / im märzen der bauer die rößlein an-
spannt / braune strickstücke ausgebreitet / zwei links zwei rechts /
hinter der schranke steht niemand und wartet / 's regnet heftiger
die scheiben beschlagen / er sucht sein taschentuch / findet zigaretten / klopft nach dem rappeln der streichhölzer / des zeitungs-
lesers finger erscheint : zeigt nach oben / auf das weiße schild
im vernickelten rahmen / NICHTRAUCHER / räuspert sich / könnte ja gehen / raucherabteil nebenan / beruft sich aufs recht und
seine bronchitis / hustet auch prompt / na also / geht nicht weg /
verreck doch an deiner bronchitis / bleibt da wegen des mäd-
chens / das zeigt wieder bein und stückchen vom schenkel / zupft
auch nicht mehr / da zieht er sie aus / verheddert sich bei den
strümpfen / und sie hält ganz still / er findet mutterflecken /
einen knutschfleck am busen / rechts oder links / links / nein lieber
ein blutschwamm / er steht auf / geht auf den gang um zu rau-

chen / läßt sie da sitzen / zieht sie nicht wieder an / angezogen
kommt sie ihm nach / bittet um feuer und fragt nach der uhrzeit /
fährt noch viel weiter als er / wintersport / herrlich endlichwieder-
mal sonne / wälder stehen im wasser / birken und / kennich-
nicht so kahl ohne blätter / laufen sie S-ki / ein krähenschwarm /
nein schi läuft er nicht / ist im flachland aufgewachsen / sie auch
in Oldenburg ist sie geboren / oldenburginoldenburg / zucker-
rüben und landflucht / schnippt ihre asche auf den boden / sei
doch wunderschön so nahe am meer / ach meer / die berge sind
ihr lieber da fühlt sie sich frei / ihr lippenabdruck in schartigem
rot auf dem bräunlichen mundstück / überquellende aschenbe-
cher / lange geknickte stummel / die eigenen kippen / filterlos /
kurz geraucht zwischen daumen und zeigefinger / gelbzerfranst
und verknittert / nein das weiß ich noch nicht / nein geht nicht
mit in den speisewagen / steigt gleich schon aus / wie schade /
drückt seine zigarette aus /entschuldigt sich und geht auf den
lokus / tritt auf die spülung und pinkelt direkt auf den bahndamm / der fahrtwind zerfetzt ihm den pißstrahl

fingen ihn ab nach der schule und schleppten ihn in das wald-
stück hinter dem sportplatz   sie banden ihn an einen baum und
zogen ihm die hose runter   ein unordentliches knäuel an den
füßen   dem machen wir erst mal den pimmel steif wetten dem
steht er zum erstenmal   und fingen an und hörten nicht wieder
auf   wenn einem die hand müde wurde kam der nächste dran
der kann glaubich nich und lachten je lauter er schrie und als es
ihm kam da waren sie still starrten nur auf den zuckenden pint
der spuckte ein tröpfchen und noch eins   da schrien sie vor ver-
gnügen   knöpften sich ihre lätze auf   und besorgten sichs selber
standen ganz starr mit durchgedrückten knien   schmierten ihm
das zeug an die beine und auf den bauch und als sie wieder
pinkeln konnten da schifften sie ihn an   und wenn wir dich das
nächstemal erwischen dann kriegst du noch wäscheklammern an
die eier   banden ihn nicht los   ließen ihn da stehen   zu hause
sagte er nichts davon

knöpft sich den latz zu / wäscht sich die hände / hat durst :
KEIN TRINKWASSER / AQUA NON POTABILE / NO DRINKING
WATER / EAU NON POTABLE /
die sitzt wieder da zeigt ihr bein und spricht mit dem / der ist
nicht verreckt an seiner bronchitis / der liest nicht mehr zeitung /
fährt nach Davos / was / nein / dochdoch / die trockene luft

dort / erzählt von seiner krankheit und einem freund namens
Castorp / zieht ihr das augenlid runter und drunter ists rot / leicht
anämisch / er nimmt seinen mantel vom haken / riecht ihre
haare / zieht ihn an / bückt sich greift nach der tasche / das stück da
vom schenkel wird größer / das wird uns sicherlich gut tun / geht
ohne gruß / da werden wir uns wohl des öfteren sehen / sagt
nicht: angenehmereisenochweiterhin / das will ich doch meinen /
zwängt sich durch den spalt der schwergängigen schiebetür / ich
setze mich zu ihnen rüber / setzt euch doch rüber zu euch

das gleichmäßige geräusch der räder löst sich auf in einzelne
stöße / häuserrückfronten grau und backsteinrot hinterm bauzaun / der zug verlangsamt die fahrt / kommt aus dem takt /
läuft ein / hier ist nicht E. / arbeiter steigen aus und schüler / und
draußen gelehnt ans geländer steht einer mit hochgeschlagenem
kragen / man hat ihn also erwartet / läßt sie nicht merken / : ihr
seid mir voraus / der tut so als hole er jemanden ab / der scheint
nicht gekommen / er ist längst gekommen / der stößt sich ab mit
der schulter / nimmt keine hand aus der tasche des enggegürteten
mantels / sieht ihn nicht an / geht ihm voraus durch die sperre
und sieht sich nicht um / kauft keine zeitung / er zeigt seine karte
und sagt noch / : fahrtunterbrechung / da stemmt sich der mit der
schulter schon gegen die tür und verschwindet unter passanten

das ist die beschreibung der fahrt

weiß nicht einmal wie die stadt heißt / kommt ins stocken / das
gehört nicht mit in den plan / abläufe haben ihn ins hintertreffen
gebracht / möchte jetzt einen schnaps / nicht um sich mut zu machen / nur das kleine glas zwischen den fingern drehen vorm
kippen / sich den mund ausbrennen vorm schlucken / die lippen
verziehen / die augen zukneifen für drei oder vier sekunden ohne
aufzufallen / nimmt seine tasche auf vom boden / geht durch die
weite gläserne halle / stemmt sich gegen die glastür / faßt keins
der geflügelten räder aus bronze / geht einfach geradeaus übern
platz vor dem bahnhof / und findet ohne zu suchen / die kneipe
die er gesucht hat / zieht seinen mantel nicht aus / bestellt einen
doppelten schnaps und ein bier / in der kneipe ist abend / dreht

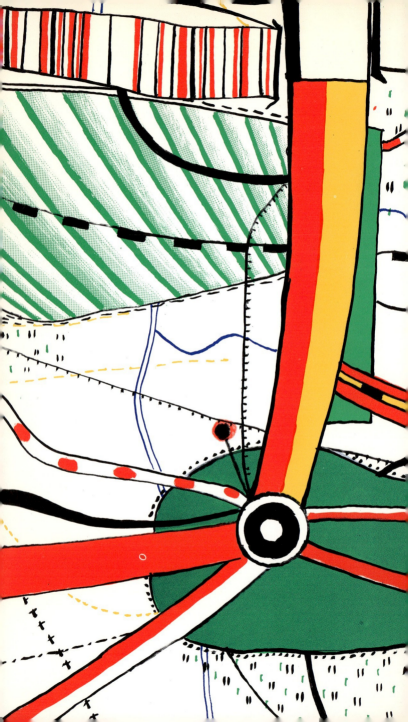

das kleine glas in den fingern vorm kippen / brennt sich den mund aus / zieht die brennende kühle auch durch die zähne / und wieder zurück / schluckt / schmeckt im rachen wacholder / schüttelt sich leicht / verkneift lippen und lider / und steht für sekunden im dunkeln / das bier ist schön wie bier auf plakaten / weiß und hoch ist die blume / das glas ist beschlagen / und über die warme spur in den magen kippt er das kalte in wenigen schlukken / legt einsfuffzig dahin / drängt sich an stühlen vorbei zum ausgang / reißt an der tür / kneipen und kirchen öffnen nach außen / steht wieder / da / im regen / das bier hätte er besser nicht trinken sollen / steht da im regen und denkt nicht nach über das was er vorhat / ist nur müde und kalt / stockt kommt nicht weiter bleibt stecken steht still ist unterbrochen aufeinmal / geht die paar schritte zurück zum bahnhof / steigt in ein taxi / und bevor noch der fahrer die zeitung zu falten beginnt sagt er / ich möchte gern in ein kleines hotel einen gasthof etwas außerhalb bitte / lehnt sich zurück / sieht den regen und läßt sich den blick in regelmäßige stücke schneiden / stadt ist schon vorstadt / hinter tannen und taxus flachdächer walmdächer pultdächer satteldächer / verblichener rasen wird mancherorts grün / rasen wird wiese / ein dorf eingeholt von der stadt / die straßen mit katzenköpfen gepflastert / der fahrer verlangsamt die fahrt / schaltet zurück in den 2. gang und fährt in den rinnstein / beugt sich zum taxameter und meldet / : sexachzich / er wundert sich / die fahrt kam ihm lang vor / sucht seine börse im mantel / sie steckt in der hose / gibt dem fahrer zehn mark / neinnein der rest sei ein trinkgeld / der fahrer steigt mit ihm aus / trägt ihm die tasche / geht mit bis zum gasthof und hält ihm die tür auf / zieht seine mütze / er möchte wohl tauschen mit dem / die mütze nehmen / die jungen paare fahren / und nicht in den rückspiegel sehen wenn sie sich küssen / der mützenschirm beschnitte ihm sanftgerundet die aussicht / er sähe die beine der mädchen und der horizont bliebe ihm erspart / es wäre schon gut mützenträger zu sein

da steht er im gastraum / ist leer / braune vertäfelung an den wänden und fotos von tauben / geht an den tresen und klopft mit dem ring aufs kupferne blech / kommt eine frau und putzt ihre hände ab an der schürze / er fragt nach dem zimmer / : nur für ein oder zwei tage / nächte / natürlich ist alles noch frei mitte märz / im sommer ist es was anderes

kann wählen / zur straße zum hof auf die wiese / nimmt das zimmer zum hof mit brauner tapete und braunen gardinen /

zwei fenster zum hof / und zwischen ihnen der waschtisch / geht zu dem dunklen schrank / breit an der schmalwand des zimmers / im spiegel den mantel aufknöpft / und öffnet die tür / verschwindet / wird platt / der schrank ist ganz leer / ausgelegt mit blauem papier die ganz leeren fächer / an messingner stange hängen / zusammengedrängt in der linken ecke / schaukeln sacht / leere bügel / mehr als er jemals gebrauchen kann / hängt seinen feuchten mantel außen an die schmalwand des schranks / schließt dann die tür / taucht wieder auf / da sieht er sich an / du da bist ich / siehst nur was ich sehe / mir in die augen / lehnt mit geschlossenen augen seine stirn gegen seine gläserne stirn / wendet sich ab / bückt sich / zieht sich die schuhe aus ohne die bänder zu lösen / und legt sich aufs bett / versinkt in den federn / neben ihm bauschen sich wälle / darauf legt er die arme / entlang seines körpers / sieht / : die hängende lampe aus braunmarmoriertem glas mit der gründseidenen troddel / schläft nicht gleich ein wie erwartet / sieht in den fenstern nur grau / ganz monochrom / gestrichelt vom regen der langsam in schnee überzugehen beginnt / im zimmer ist es schön warm / er friert nicht wie sonst in gemieteten zimmern / bin froh daß ich hier bin /

an einem windigen morgen im märz geht er hinter seinem eigenen sarg   er wundert sich freilich daß er eigenhändig den kranz trägt und weicht befremdlich genug den äpfeln aus die die leichengäule in unbestimmbarem rhythmus doch ganz ohne willkür auf den sandigen weg fallen lassen   er schämt sich auch einwenig des wunsches seiner schönen nachbarin in die schwarze bluse zu greifen zum friedhof aber ist es nicht mehr weit und so greift er denn hastiger zu als gewöhnlich   statt der ersehnten umarmung bezieht er prügel und tritte   blutend bleibt er zurück und legt sich weinend ins gras   heute hat man nicht einmal mehr achtung vor einem toten   die sandige pappelallee endet nie durchstößt nur gradlinig den horizont   da kommt einer gegangen den weg hinauf mühsam fast taumelnd im hohen knöcheltiefen sand und bewegt unablässig die kiefer mit mahlendem knirschen   bleibt stehen vor ihm schwankend die augen verkniffen vor schmerz   beugt sich hinab und erbricht über ihn kieselsteine und blut und ausgebrochene zähne

wacht auf / bedeckt von klebrigem ekel und schweiß / und im kopf drehen sich ihm kreissende scheiben in rot und gelblichem grün / er kann sich nicht regen / nicht aufstehen / gehen / quer durch das dunkle zimmer / das fenster zu öffnen / tief einzuat-

men die kalte luft / gereinigt vom schnee und vom regen / um
zum stillstand zu bringen die langsam verblassenden scheiben /
richtet sich auf / taumelt / vorausgestreckt sind die tastenden
hände / zum fenster / begreift den mechanismus nicht gleich mit
dem das fenster sich öffnet / rüttelt und reißt / da geht es auf
wie ohne sein zutun / saugt zischend ein durch die zähne / die
kalte luft / gereinigt vom schnee und vom regen / die scheiben
im kopf verblassen / kommen zum stillstand / es wird wieder dunkel hinter den augen / und draußen ist dunkelheit und nichts ist
zu sehen
in diesem zimmer bleibt er drei tage
verbringt drei tage liegend im bett / schläft in unregelmäßigen
abständen / starrt nachts an die decke ohne zu denken / hat
angst daß wiederkommt / :der der ihn anspie / überläßt sich
ganz und gar dem schutz seiner wimpern / greift oft durch die
knöpfe seines hemds / faßt den granat an der silbernen kette /
umschließt ihn fest mit der hand / mein gott / bei tag ist es einfach darüber zu lachen / aber nachts / nachts / ist alles ganz
anders / tagsüber sieht er durchs fenster / das kissen geknäuelt
unterm kopf / in den grauverhangenen himmel / will nicht essen
nicht trinken / nicht schlafen nicht wachen / hindämmern so /
fliegen mit den fliegen durchs zimmer / einen weg suchen vom
boden zur decke durchs rankenmuster der braunen tapete
zeit läuft ihm ab im stetig sich wandelnden licht und den wandernden schatten
was ihn am zweiten tag nicht mehr verwirrt:
das klappern der kannen am morgen und klirrende
flaschen auf dem gepflasterten hof
die stille vor mittag
der schlaf der aus der geräuschlosigkeit kommt
frauenstimmen unter dem fenster
die mattigkeit der fliegen zunehmend mit der dämmerung
der gedämpfte gleichmäßige lärm unter ihm in der kneipe
lachen ein aufschrei an den rändern
die stille von nichts unterbrochen vom atmen nur und
dem schlagen der lider
schritte sich nähernd sich wieder entfernend
das schlagen von türen im innern des hauses
einatmen ausatmen
der wind der die gardinen bauscht
das zucken der glieder
daß nichts geschieht

am dritten tag in der dämmerung hört er gedämpfte schritte
haltmachen vor seiner tür / dreht den kopf in den flächen der
ineinandergeschobenen hände und sieht / :wie die klinke langsam sich senkt / die schabende tür sich öffnet / nur einen spalt /
im halbschatten kann er erkennen :das gesicht seiner wirtin /
sieht / :das ältliche gesicht schluckt noch den aufschrei / hatte
erwartet ihn aufzufinden / erhängt am fensterkreuz mit blauem
gesicht / die zunge herausgereckt / zusammengebrochen am spülstein mit klaffenden wunden am handgelenk / ausgeblutet / das
becken der teppich die tapete ringsum versaut von geronnenem
blut / querliegend im bett / zumindest / das röhrchen zersplittert
am boden / das wasserglas auf dem nachttisch mit weißlichem
bodensatz / das gesicht der frau verschwindet im schatten /
zugezogen wird / schließt sich mit kaum vernehmbarem schaben /
die braungestrichene tür von der schon der lack bricht
verdreht die augen nach oben bis es zu schmerzen beginnt / läßt
aus dem bett hängen / ein bein einen arm / der handrücken liegt
ganz lose auf / auf dem haarigen teppich :tot zu sein / nicht zu
sterben jetzt da er tot ist hat er auch die angst vor dem sterben
verloren / und wenn nur die blumen nicht wären / der bläuliche
taxus / die marmorsteine mit eingelegten lettern / die daten /
wenn erst geschiebemergel die friedhöfe deckte / würde auch er
sich nicht länger weigern zu sterben / ist der er ist / will nicht
mehr sein der er ist / bleibt der er ist :das kann er nicht ändern /
kann die stimme nicht mehr ertragen / die die ihm sagt :ich will
nicht mehr ich sein / hat durst auf viel bier aus dem steinkrug /
will reden mit einem den er nicht kennt / über tauben und autos /
will weibergeschichten erzählen oder vom bund / er wäscht sich
im dunklen die hände / trocknet sie ab / dreht finger für finger
lange im handtuch
geht in den gastraum / der gastraum ist voll von männern in
lodenen joppen und blauem verwaschenem drell / in der ecke /
am fenster / neben der tür / durch die er den schankraum betritt /
knallen nach zögerndem schnaufen / ein as und ein bube / und
unter den fotos von tauben / an der holzgetäfelten längswand
des raumes / sitzen männer verschiedenen alters und reden /
und auf dem tisch steht ein grünweißer wimpel / der zeigt silbern
gestickt eine taube einen E. V. und 1940 / er geht an den tresen /
die rechte schulter vorschiebend stellt er den rechten fuß auf die
eiserne stange / legt seinen rechten arm / im ellenbogen gewin-
kelt / auf den grüngestrichenen handlauf / und hebt den hintern
auf die kante des hockers / steht so / schräg zwischen zweien /

die nicht miteinander reden / bestellt sich :nenhalben im steinkrug / sieht der wirtin zu / die hat alle hände voll zu tun und scheint sich an nichts zu erinnern
bläst in den schaum seines biers ein dunkles loch / beim halben im steinkrug bescheißen sie gerne / schiebt die oberlippe nach / kippt leicht den krug an / und trinkt in ruhigen schlucken / den kopf in den nacken gelegt / flimmern / im regal über dem tresen / zwischen aufgereihten flaschen und stapeln von schokolade / felder und wälder knallt es ein paarmal ganz puffig / rauchpilze steigen / flogen auch heute wieder / auf / ein flugzeug dreht ab im schneeig flimmernden himmel / angriffe gegen / keiner sieht hin / südlich des / er setzt seinen krug ab / breitengrad / wischt mit der zunge die lippen / sieht nicht mehr hin / streicht mit dem handrücken schaum aus dem bart / hört nicht mehr hin / bestellt :nochnhalben / die neben ihm sagen ja auch nichts / trinken in abständen von ihrem bier / drücken kippen aus mit verkniffenen augen / und plötzlich wirds still / fließt ab der gleichmäßige lärm / am taubentisch drehen sie sich um / die spieler halten ein / schieben die aufgefächerten karten zusammen / und legen sie sorgsam gestapelt vor sich hin auf den tisch / er folgt ihren blicken / die wirtin / hat / die bevölkerung um mitarbeit / den kran abgestellt / gesucht wird der / lehnt den kopf weit im nacken / etwa dreißigjährige / am tresen die hände / einsachtundsiebzich groß / in die hüften gestemmt / polizeidienststelle entgegen / der da hat keinen bart / und doch / auch wenn der den sie da zeigen ein anderer ist / trägt eine brille hat kurzgeschorene haare / das will nichts besagen / das ist ja nicht neu / ihm gilt das das gilt mir dir gilt das / er wird da gesucht / das müßten doch eigentlich alle hier merken wer da gesucht wird wems da galt / aufspringen einer / stühle umwerfend zeigen auf den der da absichtslos steht : da steht der gesuchte *
* DA DA DADADA WO WOWO WO DADADA DA DA

am rand macht ein spielautomat krach / sprechen schon alle wieder und lachen und trinken ihr bier und den schnaps mit eckigen rucken / er hat den kopf leicht zwischen die schultern gezogen / versteckt hinter seinem schnurrbart / sieht er sich um :er ist der einzige hier mit bart ohne brille mit langgewachsenen haaren
zwingt sich zur ruhe / greift mit beiden händen den handlauf / stemmt sich ab / stellt sein linkes bein auf die eiserne stange / streckt den hintern raus / starrt in sein bier / reiht sich ein / trinkt

ohne hast / sagt :zahlen mit fester stimme und fügt nach einem
räuspern noch :bitte hinzu / sagt :nabend und geht auf sein
zimmer
steht da im zimmer am fenster / ermahnt sich zur ruhe und überlegt diesem schlag zu begegnen / :nur sich nicht einschläfern
lassen / sich in sicherheit wiegen / die sind gar nicht dumm / aber
er hat sie durchschaut / wiedereinmal / fühlt sich denen durchaus
gewachsen / geht denen nicht noch einmal auf den leim / na
schön / der bart war ein fehler / das sieht er jetzt ein / ist durchaus bereit das zuzugestehen
er will jetzt einschlafen
einschlafen will er jetzt
jetzt will er einschlafen
will er jetzt einschlafen
jetzt einschlafen will er   jetzt jetzt und jetzt und jetzt und jetzt

erwacht in der dämmerung / schließt fröstelnd das fenster /
schläft wieder ein
wird geweckt gegen acht von klappernden kannen im hof und
von klirrenden flaschen / von stimmen / die unverständliches rufen
unter dem fenster / verschränkt die arme unter dem kopf / nein
jetzt noch nicht / weigert sich / schiebt von sich / als ob nichts
wäre / ist ja längst leid / :nachzugrübeln :warum bin ich der be-
troffene / ist allein im zimmer / mit der uhr am handgelenk und
den fliegen / die paaren sich auf der seidenen troddel unter der
lampe / und da / wo die braunmarmorierte schale der lampe das
helle fenster knapp überschneidet / liegen im gegenlicht / die toten / die beinchen nach oben gereckt / kann nicht mehr von sich
schieben / :den gedanken an das was war und was ist was noch
sein wird
nichtmehrweiterso
wie denn?
anders
wie anders?
einfach anders irgendwie anders
was tun?
weggehen
wohin?
dahin
wie?
um jeden preis
warum?

darum eben weils so nicht mehr geht weils anders werden muß irgendwie nur irgendwieanders
und dann?
dann ist es gut dann wird es schon gut dann wird es schon besser werden da dort dort drüben dahinten dahinter jenseits auf der anderen seite DA!
wälzt sich vom bett / kleidet sich aus / rollt die getragene wäsche zu einem bündel / geht am fenster vorbei / sieht nicht hinaus auf den backsteingepflasterten hof / zum spülstein / sieht da im spiegel sein armes gesicht mit dem bart und den schwärzlichen stoppeln von tagen / nimmt aus dem beutel aus grünlichem wachstuch : rasierzeug und seife / dreht an den kränen / kann nicht behalten was blau heißt was rot / will diesmal behalten : rot das ist warm / feuchtet den pinsel gut an / schlägt schaum / verbirgt sein gesicht von der nase zum hals bis zum ohr unter duftendem schaum / lavendelfelder / endlos / hellviolett im braunroten land und unter oliven und eichen deren stämme geschält sind bis zum ansatz der äste / steht noch das einsame haus / graubraun aus feldsteinen erbaut / mit weitgeöffneten fenstern / die atmen kühle inmitten der flimmernden hitze / steht da am fenster und sieht : nur der horizont verbirgt noch die wahrheit / wäscht sich den flockigen schaum von den händen / reißt in das kühle weiß eine brennende dunkle spur / spur neben spur / strafft mit der linken hand die schlaffe haut unterm kinn / kann nicht mitansehen wie sein gesicht sich verzieht / läßt sich den bart bis zuletzt / der sticht noch schwarz durch den schaum / hat sich richtig gewöhnt / fast liebgewonnen den bart / da / zwischen lippe und nase / in all diesen wochen / schneidet ihn ab mit dem strich und rasiert dann die stoppeln schabend von unten / bluttropfen stehen auf der brennenden haut / wäscht vorsichtig nach mit kaltem wasser trocknet sich ab / sucht mit den kuppen der finger nach stehengebliebenen stoppeln / erkennt sich gleich wieder / so / ohne bart / bildet aus seinen daumen und zeigefingern zwei kreise / die legt er sich vor die augen / :so gleicht er schon dem den sie zeigten als den vermeintlich gesuchten / legt einen wattebausch / mit kölnisch wasser getränkt / auf die blutende lippe / zieht zischend ein die luft durch die zusammengebissenen zähne den schrinnenden schmerz zu vergessen / sucht aus der tasche ein frisches hemd neue wäsche / und kleidet sich an / fühlt sich sauber / durchaus in der lage / denen erneut zu entkommen / deckt das bett auf / öffnet das fenster beugt sich hinaus und sieht auf das braune karree des backsteingepflasterten

hofes umschlossen von stallartigen gebäuden / eine reihe von
türen / angelehnt nur / halbweit geöffnet / sperrangelweit auf /
packt zusammen / nimmt den mantel über den arm und geht
in den schankraum / klopft mit dem zimmerschlüssel auf das
kupferne blech des tresens / dreimal / da erscheint durch die tür
in der rückwand die wirtin und lächelt / tippt sich lächelnd gegen
die lippe / nimmt er den wattebausch ab / den hat er vergessen /
er habe sich beim rasieren geschnitten / möchte kein frühstück /
zahlt für drei nächte / geht zu fuß in die stadt / benötigt die zeit /
sein entkommen nach drüben zu planen

da geht er / geht den weg den er kürzlich erst kam / freilich im
taxi / im regen / und jetzt scheint eine ganz dünne sonne / ein
hellerer fleck / verwischt hinter fädigen wolken / kann sich erinnern / an dächerformen und gärten / die unbeparkte allee ist
ganz still / geht immer nur geradeaus / ein dienstmädchen führt
einen teueren hund / und er muß ansichhalten / nicht nach dem
köter zu treten

möchte als milchmann verkleidet die hunde der kinderlosen ver-
giften / erwürgen noch lieber / ertasten im sehnigen körper unterm seidigen fell die knorpel der kehle / zudrücken dann / das
unnütze leben in den befriedigten händen verzucken lassen

fällt ihm ein :der brief im blauen couvert / steckt ungelesen im
mantel / setzt die tasche ab / greift durch die knöpfe des mantels / nimmt aus der innentasche das glatte papier / liest seinen
namen wie die anschrift eines unbekannten / schlitzt den umschlag auf mit dem daumen / wieder ein brief von inge, eigentlich ingrid / überfliegt was da steht / fehlerlos maschinenge-
schrieben

er fuhr in der nachsaison ging im kurpark spazieren zwischen
den kahlen büschen saß bei regen im musikpavillon auf einem
klappstuhl im sommer war zweimal täglich konzert traf da die
frau mit dem leberschaden fickte sie ein paarmal lustlos an
regennachmittagen in ihrem hotel das lag in der gleichen straße
wie das heim in dem er untergebracht war fickte sie um viertel
nach drei nach der liegekur mußte ins heim um halb sechs zum
abendessen das war als er so elend war das warme bittere
wasser trank und auf seine genesung wartete

jetzt sehnt sie sich sehr ihn wiederzusehen / das enthebt ihn der
notwendigkeit nachzudenken / :wohin ersteinmal / dahin / na-

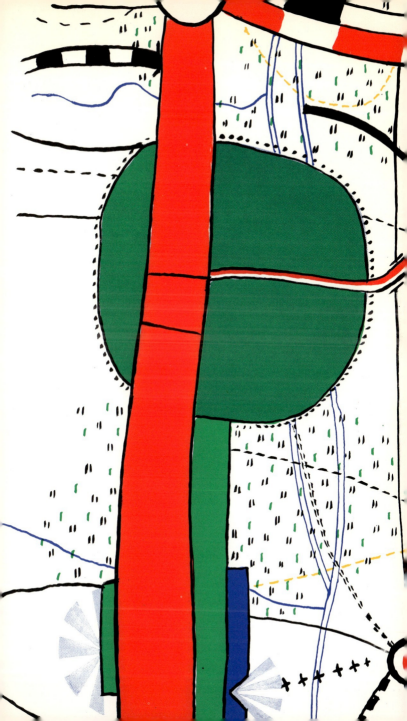

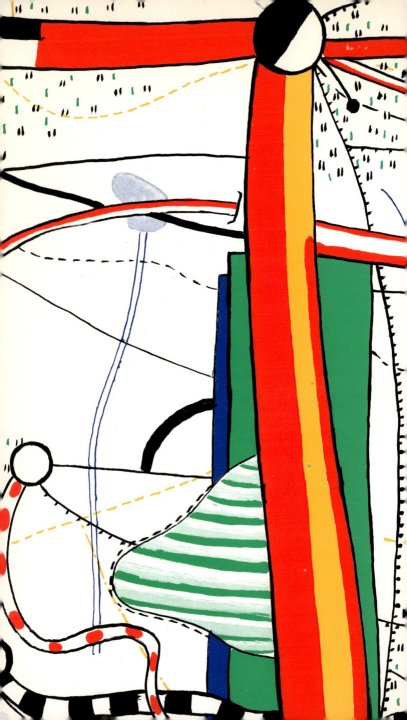

türlich nach K. wird er fahren / zunächst / ist eingeladen nach K. /
da kennt er keinen / da vermutet ihn niemand / nach K. wird er
fahren / da war er noch nie / ist immer nur durchgefahren / einge-
fahren in den bahnhof und rückwärts wieder hinaus / untertau-
chen da für einige zeit / dann kann man ja weitersehen
fährt mit dem bus in die stadt

das ist die beschreibung seines aufenthaltes in A.

geht zum frisör
läßt sich die haare scheren / kurz / wie jener sie trug / überläßt
sich ganz den weichen warmen händen des älteren mannes im
kittel / sieht im spiegel zu / wie er sich verwandelt
hat hunger / ißt zwei würstchen mit curry und blutrotem ketchup
und drei portionen pommes frites
er fühlt sich ganz gut
haare kitzeln im nacken / er fährt sich zum dutzendstenmal mit
der hand in den kragen
schlägt im telefonbuch nach :die adressen von augenärzten /
sitzt im wartezimmer und liest / blinzelnd / zeitschriften / den
kopf tief über die seiten gebeugt
wird aufgerufen als nächster
trägt sein anliegen vor:
er leide seit längerer zeit unter einer zunehmenden schwäche der
augen einem nicht sehr schweren aber doch unangenehmen leiden
das sich in letzter zeit verschlimmere vor allem bei längerer an-
gestrengter lesetätigkeit sähe er manchmal nur kreisende nebel
mit brennenden augen sei keineswegs kurzsichtig oder gar au-
genkrank verfüge im gegenteil eigentlich über ein sehr gutes
sehvermögen sei eben nur manchmal behindert und bäte darum
um die verschreibung einer leichten lesebrille um diese zeitweilig
auftretende schwäche die wohl von überanstrengung herrühre
auszugleichen hätte niemals für möglich gehalten jemals in die
lage versetzt zu werden einer brille zu bedürfen
muß sich in einen lederbezogenen stuhl setzen / den kopf nach
hinten legen / ausleuchten lassen sich beide augen / hat eine
leichte bindehautentzündung / das sei zu dieser jahreszeit und
bei wetterlage ja auch gar kein wunder / dagegen gibts tropfen /

und was das andere anbelangt / dashätteergleich dawolleersehen / :soll lesen was da auf dem blatt an der wand steht / er kneift die augen zusammen / beugt sich leicht vor / umfaßt mit beiden händen die lehne des schwarzgepolsterten lehnstuhls und liest :

und so steigern sich wechselweise Einbildungskraft und Wirklichkeit bis sie endlich das höchste Ziel erreichen. Sie kommen der
135762890

Der Jüngling aber, wenn Natur und Poesie ihn anziehen, glaubt, mit einem lebhaften Streben bald in das Innerste des Geheimnisses vorzu-
8642135790

alles um sich her lebhaft Acht gebe n, die Gegenstände und ihre Theile
694378201

bisher konnte die Lehre des Physikers den der sich an-
3689345

Die Wirklichkeit und Wah
32491

gibt vor / vom ersten absatz nur wenig entziffern zu können / liest stockend vom zweiten / verwechselt die 3 mit der 9 / hält sich das linke auge zu dann das rechte / liest flüssig und ohne zu stokken den dritten absatz / das andere kann ich gut lesen / da lacht der arzt mit gelblichen zähnen :die augen können wir drin lassen / ist entlassen mit handschlag / gibt seine personalien bei der sprechstundenhilfe an / bezahlt die liquidation lieber gleich / erhält dann seine verschreibung
sucht beim optiker ein schmales braunes gestell wie jener es trug
drängt auf beschleunigte anfertigung
nach zwei stunden sei die brille angefertigt
nach zwei stunden ist die brille angefertigt

setzt seine brille auf und sieht im spiegel / wie durch tränen /
den / den er gestern sah
geht ohne zu wissen wohin / läßt sich mitziehen / um ihn herum
verschwimmen an den rändern / die Gegenstände und
ihre Theile / sind unscharf / verschimmern wie unter leicht-
bewegtem wasser / hat stechende schmerzen hinter den augen /
mitten im kopf / er wird sich gewöhnen müssen

das ist die beschreibung seiner verwandlung

kommt an in K. am frühen nachmittag / muß noch die zeit tot-
schlagen bis sieben / könnte ins kino gehen / beispielsweise /
ein cafe hat schon korbstühle auf den gehsteig gestellt / setzt sich
da hin / in die dünne verschwommene sonne / streckt die beine
lang aus und öffnet den mantel / schnippt mit dem zeigefinger /
abgeschnellt vom daumen / kuchenkrümel vom blauweiß gewür-
felten tischtuch / warum noch nach ursachen suchen und nach
zusammenhängen / er wiegt sich im knarrenden korbstuhl / trip-
pelnde tauben picken die krümel / träumt von seiner verwandlung / von seiner verwandlung in einen vogel / in eine taube
vielleicht mit silbrigen flügeln
geht unter kahlen platanen / da spielt jemand fehlerfrei Chopin
bei geöffnetem fenster / hört dem nicht zu / geht weiter / geht
nicht im takt der mazurka / richtet auch weiterhin den schritt
nach dem gleichmaß des pflasters

U —————— hu der ruft gilt nicht ihm

kommt an den breiten fluß / ist ein spaziergänger / der geht mit
geöffnetem mantel / die hände verschränkt auf dem rücken / hat
sich beinahe gewöhnt an die brille / die ihm die welt so veränd-
der / an den übergangslosen wechsel von überschärfe und ver-
schwommenheit an den rändern / abendrot hat er im rücken /
abendrot GUTWETTERBOT' / morgenrot morgenrohot / die kopfschmerzen haben nachgelassen / er lehnt sich übers geländer /
bald wird die trompete blahasen / starrt lange ins wasser / der
wellengang richtet sich ganz nach dem ablauf der schiffe /
pfeift : ich und maancher kameraha d / und als der gemauerte

kai flußabwärts zu schwimmen beginnt / läßt er sich vornüberfallen ins wasser / unbemerkt von passanten / treibt er stromab / treibt in der strömung / den kopf unter wasser / ohne atem zu holen mit weitgeöffneten brennenden augen / an kähnen vorbei / läßt ufer hinter sich / wird über kieselbänke getragen / durch schilfgürtel / gerät ins brackwasser / nachtniederigwasser zieht ihn hinaus ins offene meer / in algenfeldern schon / treibt sein gedunsenes fleisch / löst sich von ihm / fällt ab / löst sich auf in schleimige fäden richtet sich auf / da steht / wenige schritte entfernt / gelehnt ans geländer / einer seiner verfolger / und wie er da steht / gelehnt ans geländer / weitausschauend über den fluß / im gegenlicht der untergehenden sonne / das ist ein schönes friedliches bild / er kann den blick nicht wenden / von dem verschatteten gesicht / vom blauen umriß der gestalt des mannes / der mit dem gelbroten himmel in wolkenbänken verschmilzt / tränen treten ihm in die augen / er fährt sich mit den händen unter die brille die tränen zu trocknen / da wendet sich ab der / der ihn verfolgt / und er geht ihm nach / folgt dem verfolger / könnte ihn mit wenigen eiligen schritten erreichen / könnte ihm die hand auf die schulter legen / könnte dem ins gesicht sehen / könnte ihn fragen :warum bin ich der verfolgte und du mein verfolger

er geht ihm nicht nach / hält ihn nicht an mit leichtem zug am ärmel / fragt nicht / hat angst vor der wahrheit fragt sich durch / zum / :gelbgestrichenen altbau / unter gesimsen alle hohen fenster geschlossen und leer sind die schmalen balkone hinter den schmiedeeisernen gittern / und 1904 / in einer cartouche über über dem eingang / vier stufen erhöht / hortensienbüsche stehen / kellerlöcher verdeckend / im vorgarten mit dunkelrosa vertrockneten blütendolden

was sagen nur / wenn man nicht weiß was man sagen soll / den klingelknopf drücken / und warten aufs summen / noch immer in der unbestimmten hoffnung / stemmt er sich gegen die summende tür / daß sie ja vielleicht gar nicht da sei / steht er im dunklen hausflur / innehaltend / aussetzend / erstmal tief luft holend / im halbdunklen hausflur / riecht es nach nichts / nach kalten steinen allenfalls / :sofern von kalten steinen irgendein wahrnehmbarer geruch ausgeht / nimmt er die brille ab / um nicht fragen beantworten zu müssen vor allem nicht den fahrstuhl nehmen im vergitterten schacht die treppe hinaufgehen :immer einen fuß vor den anderen setzen / ganz gleichmäßig / nur nicht wieder ins stocken kommen / mit der hand die die blumen hält den handlauf greifen / immer ein stück voraus / und dann :die füße nachziehen / die machen kein geräusch auf den schmalen läufern aus verblichenem rot / eine spiegelkommode / auf dem treppenabsatz / schräg in die ecke gerückt / spiegelt oben nach unten / begegnet ihr da / im spiegel schon / vorher / ihrem gesicht vielmehr nur übers geländer gebeugt

schlägt immer hin und her in fahrigen rucken   ihr gesicht faltig schon um die geschlossenen augen am hals   unter ihm auf dem kissen verschwitzt und stöhnt aus dem halbweit geöffneten mund und:

noch weitergehen die letzten drei stufen bis zum absatz der treppe / fallenlassen die tasche die blumen / iris und nelken am bahnhof gekauft / ausbreiten die arme / und auffangen ihren körper / ausgleichen / haltsuchen nach hinten an der kommode / den weichen anprall / sich an der hand nehmen lassen / erfreut sein / küsse hinnehmen saugend und saugend erwidern wie selbstverständlich / ausziehen den mantel / ablegen und / hinsetzen sich

fragen / woher wie wann warum was wer wo
beantworten / daher so dann darum das der da
ach so / und die hände verschränken vorm bauch und die daumen aneinanderreiben
essen und trinken / tee nicht lieber bier
und dann :ausweichen erstmal der zeit mit ihr allein im blaugelb geblümten zimmer / den worten und den berührungen
schlägt vor / auszugehen / gleich / nach dem essen / das wiedersehen zu feiern
sie willigt ein / nicht ganz ohne zu zögern
gehen durch die stadt wie ein ehepaar / sie etwas älter als er / was macht das schon heutzutage / stehenbleiben hier und da / vor möbelgeschäften zum beispiel / wie absichtslos / trinken in einer bar und reden von damals / viel lachen / tanzen mit aneinandergepreßten körpern / scheuern sich / und er trinkt vorsorglich viel / schwankt auf dem weg zurück kaum merklich an ihrem arm / stößt zwei dreimal an mit der zunge / zu hause trinkt er noch zwei flaschen bier / sieht endlich ihrem gesicht an :besorgnis wird ein ganz feiner ekel / noch reden / und da :i c h s c h l a f e d a n n h i e r a u f d e r c o u c h
einschlafen im fremden bett / das dreht sich trotz des herausgestreckten beins / die augen offenhalten / einen festen punkt suchen und nicht mehr aus den augen lassen das durchscheinende fensterkreuz / die decke zurechtziehen im halbschlaf / im fremden

haargeruch / beginnt er zu wuchern / werden klobig der kopf und die zähne / magert er untenrum ab / weit weg an den füßen / finger wachsen ihm nach an den abgestorbenen händen / und im riesigen kopf gellen / akustische rückkoppelung / reihen sich aneinander sinnlose wörter / zeile um zeile / :vorankündigungen

abhilfe schaffen abkürzen zunächst abwehren dann einschreiten dagegen abbrechen alles ablassen davon ablegen das abtun einfach aufhören damit einfürallemal schlußmachen jetzt endgültig
UND WIE?
SO!
einschlafend rausfinden wos anfing   zurückkehren zum ausgangspunkt und dann nicht mehr dieselben fehler machen

50   100   50

                                LIGHT   LIGHT   50 WHEN LIT

100 WHEN OPENED

                                              200 WHEN GREEN LIGHT

                     FLIPPER   FLIPPER

END   GREEN   YELLOW LIGHT 1000
                            2nd PLAY
                        LIGHT   1370   1420 FLIPPER

END   SAME PLAYER WHEN LIT

                            3rd PLAY
500 WHEN RED LIGHT   OPEN WHEN LIT

                                         OPEN WHEN LIT

                   FLIPPER   FLIPPER

                   FLIPPER

                              OPENED WHEN GREEN LIGHT

                   FLIPPER

                         TILT

als er am morgen erwacht / ist morgens um neun / ist sie schon
gegangen / hat aufgeräumt / auf dem küchentisch einen zettel
hinterlassen mit lieben worten und dem blaustichigen abdruck
schartiger lippen / verwischt an den rändern / den schlüssel zur
wohnung / und frühstück steht auf dem kühlschrank
daliegend (auf dem bauch auf dem rücken) umhergehend (von
wand zu wand durch den flur in die küche) anstarrend (den ab-
wasch den mülleimer die blumen am fenster) rauchend (die zunge
ist noch ganz pelzig) blätternd (in den zeitschriften auf dem
wohnzimmertisch) sitzend (halb liegend im sessel) anfassend (die
kleinen brüste der abgebildeten mädchen) rumlaufend (um den
tisch um den tisch) beobachtend (sein gesicht im spiegel und die
flatternden lider) pinkelnd (mit heftigen spritzern die kackspuren
lösen) onanierend (gleichgültig ins blitzblanke klo) waschend
(die hände und das gesicht) rauchend (nochmal) kauend (ein alt-
backenes brötchen mit käse) amkopfkratzend (kann sich nicht
gewöhnen ans kurzgeschorene) pfeifend (was einem so einfällt
und immerwieder MEISTERJAKOB) taktschlagend (mit beiden
händen auf der kunststoffplatte des kühlschranks) biertrinkend
(vom reichlichen vorrat) lesend (verkäufe und kaufgesuche) plä-
nemachend (wohin wann und wie) kreuzworträtsellösend (wer
fließt noch der donau von links entgegen) rauchend (die wievie-
te heute) abwehrend (den gedanken an morgen und übermorgen
und dann den tag und den tag danach) schlafend (eingeschlafen
übergangslos) entgegensehend (dem abend) hörend (radio Lu-
xemburg hundegebell den fahrstuhl) amfensterstehend (hinter der
gardine) zusehend (den wenigen vögeln am spärlichen himmel) su-
chend (nach unbestimmtem) aufblickend (gegen die decke) träumend
(vom grauen haus und den bäumen) sich reckend (ohne absicht)
sich gehenlassend (wasnochwasnoch) aufbegehrend (neinneinnein)
öffnend (ihre schubladen und schränke) betastend (die kleider
die wäsche) sich erinnernd :hängst immer noch da ledermantel
eingefettet und viel zu lang in Omas schrank auf dem boden
abgetrennt sind freilich die schulterstücke mummenschanz in
schwarzem leder :komm judenjunge vögelchen und dann befrei-
ten uns amerikaner und wir knüpften dich auf zwischen linden-
blüten in weißleinenen säcken und bündeln trockener minze
traten dir in den bauch in die eier und vater kam das spielt
man doch nicht wenigstens noch die schulterstücke zu retten lagen
dann wohlverwahrt in samtenen futteralen im nachttisch zwischen
rosenkranz und melabon zurückfindend (vor den geöffneten
schrank in den sanften geruch von lavendel) hinhockend (auf den

boden mit angezogenen knien) mitzählend (atemzüge und pulsschläge pro minute) errechnend (pro tag pro woche pro monat pro jahr) nachrechnend (wieviele schon) schätzend (wieviele noch) rauchend (reibt die asche in den schwarzroten teppich) sich erinnernd (die gebärden des vaters) nachgrübeln (ist gleichzeitigkeit wirklich nur scheinbar)
— verbringt er den tag in der fremden wohnung
sie kehrt zurück gegen sieben / ist schwer bepackt / hat eingekauft / hat sich schon eingestellt auf sein bleiben / kocht was er sich gewünscht hat / deckt den tisch mit blumen und kerzen und angelaufenem silber / zieht sich zum essen um / serviert in winzigen täßchen grünliche suppe / blutige steaks mit gemischtem salat / käse in weinlaub / und kaffee und cognac / sie kann noch immer nicht alles essen wegen der leber / will den tisch allein abräumen :er möge es sich bequem machen / sie ist auch gleich fertig
dasitzen und anreden gegen die geräuschlosigkeit / überbrücken die plötzlichen pausen mit fahrigen berührungen / beobachten das spiel ihrer zunge die die lippen leckt zwischen den worten / jede gefahr erkennen / kenntlich gemacht / vorgewarnt durch ein schnelles atemholen / lehnt er einmal den kopf zurück / nimmt sie die gelegenheit war / hat schon die lücke entdeckt
isch meinstenichauch wirklich nur könntnatürlich auch
ode anbesten fübeide füdischunfümisch also
entgegnen etwas und zwar sofort / :was ihr den mund schließt
isch dukönnst isch du unwir
sich über sie beugen / sie küssen / schiebt die zunge nach in ihren beweglichen mund / tut mit / greift was er fassen kann / haare ein ohr ihren hals über den rücken den hintern die brüste / geht ein auf angebote / nur nicht mehr reden müssen / knöpft sie die bluse auf / fummelt er an haken und ösen / sie bietet ihm an / ihre brüste / schwer durchgehangen und weich / was bleibt ihm da als zuzugreifen / sie nestelt von ihm die hose das hemd / er keilt ab die schuhe / zieht aus / dreht sich um / die unterhose die socken / entkleidet steht sie im zimmer / nackt die großen teigigen placken / die anzufassen er sich jetzt weigert / steht da mit leerem kopf und hängendem glied / sie legt sich aufs bett / klappt sich auf / liegt da mit weitgeöffneten schenkeln / zeigt haarig lappig und feucht ihre bräunliche öffnung / und er sieht nicht hin / sucht einen haltepunkt für seine augen / geht sein mund auf / sagt irgendetwas / seine rede ist nicht jaja nicht neinnein / redet drumrum / versucht die wahrheit zu lügen / zählt an

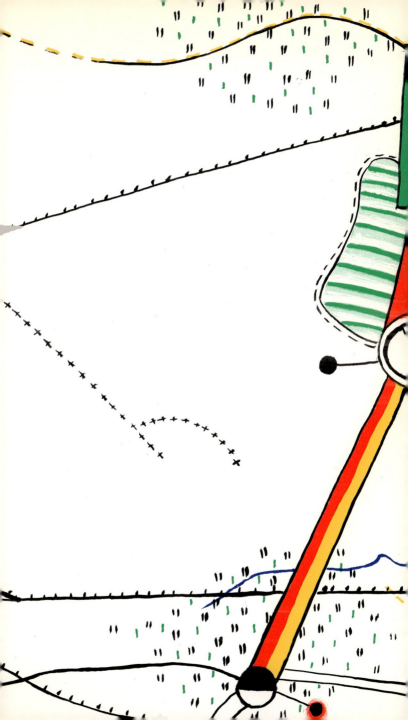

den fingern auf :gründe / zuckt mit den schultern / er sagt nicht
:fick dich doch selbst / versucht sich im lächeln / da klappt sie
sich zu / streckt endlich die beine / weint mit geschlossenen augen / ohne zu schluchzen / mit wabberndem kinn / tränen laufen
den kürzesten weg :aus den augenwinkeln die schläfen hinab
auf das kissen / er setzt sich neben sie hin / redet an gegen
etwas / nicht gegen die tränen / redet leise und schnell nur immer im gleichen tonfall / gegen die vergeblichkeit / kommt nicht
ins stocken / wundert sich wies ihm vom mund geht so ganz ohne
pause / will nicht mehr reden / redet sie lächeln
sie richtet sich auf / beginnt :ihn zu streicheln / hält ihre augen
geschlossen / macht nirgenswo halt / gibt sich viel mühe / die
ist schließlich doch nicht vergebens / und so verrichtet er stumm
was er tun muß :spuckts endlich aus / nach endlosem hinundher
in der glitschigen führung / steigt er ab / ist müde / rollt sich
weg / dreht sich um / vermeidet mit dem hintern ihre schwitzige
haut zu berühren / sie tastet ihm nach / er möchte abschütteln
die hand auf seinem rücken / nimmt sie und legt sie sich unter
den bauch / klemmt sie da ein / die gibt auch da keine ruhe

fährt auf aus dem schlaf von kälte / auf seinem bauch / steht da
eine rote dose aus blech / und die frau hockt vorm bett mit hängenden brüsten / tippt mit dem zeigefinger auf den deckel der
dose :da drin sei ihre gemeinsame glückliche zukunft / hebt den
deckel und kippt ihm auf den bauch / einen haufen gerollter
scheine / von gummibändern gehalten / :jede rolle sind tausend /
er zählt zurück in den kasten / vom geld hängt unser glück doch
nicht ab / neun dicke rollen / ein röllchen / vielleicht nicht glück
aber zufriedenheit
er hält in den händen den kasten / den schrein / starrt an die
decke / und dort bewegen sich blätter im wind / zeigen im flir-
renden licht ihre silbrige unterseite / und auf dem hügel steht das
haus mit den weitgeöffneten fenstern / die atmen kühle inmitten
der flimmernden hitze
hört durch die offene tür :das klappern von geschirr und das
pfeifen des kessels
ko———hom

trinkt kaffee mit ihr / eingehüllt in ihren bademantel mit groß-
blumigem muster in blau und in gelb / ißt mit appetit drei brötchen zwei eier / lacht herzlich / lächelt zärtlich / sieht glücklich
aus / prostet ihr zu mit der tasse / erwidert den druck ihres knies /

beugt sich vor sie auf den kauenden mund zu küssen / schenkt ihr
kaffee ein und streichelt die hand die ihm die tasse entgegen-
hält / liebling / kann nicht begreifen :so einfach ist das / hilft
ihr den tisch abzuräumen / trägt in die küche kaffeetassen in denen ein bräunlicher rest schwappt
sitzt auf dem bett und raucht / sieht ihr beim anziehen zu / fühlt
nicht einmal ekel / hilft ihr in den mantel / küßt sie auf den mund
auf die backe / gibt ihr noch einen klaps auf den hintern als sie
die tür schließt / sieht ihr nach durch die tür / bis er den fahrstuhl hört / abwärts mit ihr / geht ins wohnzimmer / öffnet die
tür zum balkon und tritt an die brüstung / winkt ihr lächelnd
hinab / blickt ihr nach / überquert sie die straße / dreht sich noch
einmal um an der ecke / winkt dem der da steht / hinter den blu-
menkästen in denen noch lange nichts blüht
er sieht nicht das haus gegenüber und auch nicht den blaßblauen
himmel / braucht nicht mehr nachzudenken / hat nur noch dem
faden zu folgen der sich entrollt / sich abspult ganz leicht / verheddert sich nicht / hat keine knoten
setzt sich aufs bett / raucht zwei zigaretten / geht in die küche /
greift sich vom schrank die rote dose aus blech / da stehen die
rollen aufrecht nebeneinander / zählt nur die dünne / :sechshun-
dert / das bringt ihn dahin wo er hin will / stellt alles zurück an
seinen platz / geht in das bad / läßt wasser ein in die wanne /
sitzt auf dem rand betrachtet die flaschen die dosen / die tuben
nicht einfach gequetscht / sorgsam gerollt an den enden / er
riecht an den flaschen den tiegeln / dreht cremige stummel aus
goldenen hüllen / nimmt einen wattepfropfen aus weißgrüner
schachtel / dreht ihn zwischen den fingern / beginnt auch sie
einmal im monat da unten zu bluten ganz ohne sichtbaren grund /
fängt einfach an / blutet sinnlos fünf tage / beständig rinnend
oder in schüben / nicht aufzuhalten / nicht zum stillstand zu bringen / und hört dann auf als sei nichts gewesen / er schüttet aus
einer geschliffenen flasche grüne kristalle ins badewasser / das
färbt sich gleich gelb / steigt in die wanne / liegt schwitzend im
heißen wasser / wäscht von sich ab / hat viel zu tun noch bis
morgen / trocknet sich / kleidet sich an / das letzte saubere
hemd / rasiert sich / bürstet die kurzgeschorenen haare / holt aus
der manteltasche die brille und setzt sie auf / kommen auch schon
aus dem lot / die kanten des schranks / verziehen sich an den
rändern / konkav und konvex je nach drehung des kopfes / hat
schon gelernt sich zu bewegen in sich verschiebenden abgren-
zungen / zieht den mantel an / öffnet die tür / hätte beinahe

den schlüssel vergessen / fährt abwärts im surrenden fahrstuhl /
verläßt das haus ohne jemanden zu begegnen / geht dicht an der
hauswand / biegt um die ecke / angelangt außer sichtweite
atmet er auf / geht richtung innenstadt / geht so wie alle gehen /
zur arbeit / hat nur keine tasche bei sich mit thermosflasche und
brötchen / arbeitet in einem büro mit kantine und automaten für
kaffee und cola / kauft an einem kiosk zigaretten / zwei zwan-
ziger schachteln als vorrat für den tag im büro / die zeitung die
alle sich kaufen / steckt er gerollt in die tasche / reiht sich wieder
ein in den strom der gehenden / faßt schritt mit denen die die
richtung kennen

schert aus / überquert einen dichtbeparkten platz / geht auf
eine tankstelle zu / wartet bis der tankwart abgefertigt hat / den
schwarzen mercedes / kauft eine straßenkarte / setzt sich jenseits
des platzes auf eine bank / entfaltet die karte hinter der zeitung /
sucht und wägt ab / findet auch was er gesucht hat / rollt zusammen : die karte die zeitung / klemmt die rolle unter den arm /
wirft sie zerknüllt in den nächsten papierkorb / pfeift leise takte
aus opern / Carmen zuerst und Wagner so weit wie er kommt /
hat keine befürchtungen mehr / betritt einen buchladen / möchte
ein meßtischblatt der gegend um O. / erfragt sich den weg zum
bahnhof

geht immer geradeaus und rechts ab am bauzaun und dann
wieder geradeaus und die dritte straße links dann läuft er draufzu
kauft am bahnhof ein kursbuch / was jetzt noch / jetzt nichts
mehr / hat was er braucht / ist ausgerüstet

und neben dem bahnhof steht riesig der dom / den hätte er fast
übersehen / in K. gewesen und den dom nicht besichtigt / das
läßt sich auch nicht mehr verschieben aufs nächste mal / er kehrt
ja nicht mehr zurück / überquert die straße auf der hölzernen
fußgängerbrücke / an bauzäunen vorbei / verboten ist auf den
zaun plakate zu kleben / ein hund pißt ungestraft an die eng-
genagelten latten / stellt sich zu denen die da stehen starrt durch
die lücke im bauzaun hinunter ins loch wo arbeiter buddeln /
alles nur jugos und itaks

geht im dom durch den mittelgang / guckt einmal nach oben /
wird schwindelig : die pfeiler verbiegen sich unten geben nach
und werden ganz schwammig / nimmt im rausgehen die brille
ab / nur für einen augenblick für einen kurzen moment nur /
geradeaus über die straße gehen / wäre beinahe in einen bus
gelaufen / hält dem fahrer der aus dem fenster droht / verlegen

lächelnd die brille hin / setzt sie auf / findet sich ab / ist in gefahr den faden zu verlieren / ins schwimmen zu kommen / weiß weiter :erstmal zurück in die wohnung

sitzt nachmittags auf dem balkon / eingehüllt bis zum bauch in eine wärmende decke / grübelnd über dem meßtischblatt und dem kursbuch / plant und verwirft prüft und vergleicht / stellt zeitpläne auf / hat sich entschlossen :die grenze bei O. am hellichten tag / am mittag um zwei / zu überschreiten
zieht nach mit rot :den verlauf der doppelt gestrichelten linie der grenze / malt blau :seinen fluchtweg / und da wo die beiden vielfach gewundenen linien sich treffen / zeichnet er einen kreis und ein kreuz prüft nach seinen zeitplan / vergleicht mit der karte / so wird es sein :
    wird abfahren um 9 Uhr 17 mit dem eilzug nach M.
    eintreffen dort um 11 Uhr 3
    umsteigen da in den bahnbus noch O.
    fährt ab 11 Uhr 30 kommt an 12 Uhr 10
    von O. (dorfausgang gerechnet) sind es zur grenze noch fünf kilometer
    zu fuß eine stunde
    erreicht die grenze gegen 13 Uhr 15 viertel nach eins
    hat dreiviertelstunde zeit zu beobachten

die grenze verläuft hier mit einem bahndamm / der endet ganz plötzlich im wald / scheint stillgelegt / mischwald diesseits und jenseits der grenze / bildet hier eine nase / und weiter unten ist freies feld / und außerdem sumpfig / so zeigt es die karte / und oberhalb verläuft die grenze entlang eines baches / wer weiß wie es da aussieht / im märz wenn der schnee schmilzt / :nach der karte zu urteilen ist jedenfalls hier der günstigste punkt / tippt mit dem finger aufs eingezeichnete kreuz / und drüben wirds gehen / woher er das weiß / das sagt sein gefühl und darauf kann er sich verlassen / das hat ihn noch selten getrogen / in vier tagen schon kann er sein wo er hin will / so lange schon
lehnt sich im sessel zurück / hört die gleichmäßigen schübe des eingeteilten verkehrs auf der straße / weiß jetzt wies weitergeht und zwar ganz genau / raucht / hat endlich den ausweg gefunden / schaut dem blauen rauch nach / verschwindet im rauchblauen himmel / bemüht sich ringe zu blasen gegen den wind / geht in die küche und greift aus dem kühlschrank zwei flaschen bier / kann einen öffner nicht finden / knackt die kronkorken auf

am schloß der balkontür / und trinkt das überschäumende bier
aus der eiskalten flasche / lehnt sich übers geländer / möchte
dem kerl da unten / im offenen wagen / die pulle auf den kariert-
bemützten schädel fallen lassen / mit dem flaschenboden zuerst /
und mitten auf den kopf / da schaltet die ampel auf gelb und
der da gibt gas
möchte nicht tauschen mit dem / heute nicht und morgen erst
recht nicht / gestern noch aber heute auf keinen fall / wickelt
sich wieder ein in die decke / zählt auf hinfällig gewordenes /
: an erster stelle die angst   seine verwandlungen seine sinnlose
wut auf die reichen   der ermüdende kampf   erinnerungen   die
grübeleien   schlaflosigkeit   redenundreden   die träume   das
starren auf einen punkt   die unentschlossenheit und die pläne
die brille
nimmt die verhaßte brille ab / werfen übers geländer / klirren
hören von unten herauf / hält ein in der schleuderbewegung /
legt die hand die den bügel hält zurück in den schoß / nicht hin-
reißen lassen / heute ist noch nicht morgen / morgen erst / wird
sie zerschlagen auf den eisernen schienen des bahndamms /
zerbrechen das braune gestell aus unechtem horn / zersplittern
lassen die gläser / schwindelig ist er geworden / kommts von
dem plötzlichen abnehmen der brille / vom hastigen trinken des
eiskalten biers / vom übermäßigen rauchen etwa / oder vom
glück / das ihn erfüllt von den zehen bis in die haare / reibt die
gläser an der haarigen decke / mit geschlossenen augen / setzt
sie vorsichtig auf / öffnet blinzelnd die augen / der schwindel
bleibt / erfaßt nun / abwärts wandernd vom kopf / die arme die
eingeweide die beine / er lehnt sich zurück / schließt wieder die
augen / überläßt sich ganz dem langsam kreisenden aufstieg des
körpers im sessel / macht die beine breit um die drehung ein
wenig zu bremsen / das hilft / schläft ein / noch im aufstieg
wird geweckt / sie küßt ihn / und er vermißt seinen schnurrbart /
möchte sie von sich schieben und weiterschlafen so traumlos /
schiebt seine hände ihr unter die achsel / drückt seine daumen ins
weiche brustfleisch / sie setzt sich auf seinen schoß / er greift
ihr unter den rock / doch nicht hier
ist nett zu ihr an diesem abend / redet viel von dem laden / den
sie sich nie kaufen / läßt sich küssen / sie sagt nicht woher sie das
geld hat / kneift ihr auch in die brust in den hintern / gibt sich
mühe mit ihr in der nacht / strengt sich an / hälts lange zurück /
marschmusik dröhnt ihm im ohr / windet sich auch und stöhnt /
läßt sie einschlafen in seinem arm /

```
  /       /       /              /         /
  /       /       /       /      /         /
     /       /       /   /       /     /        /
                         /
                      /     /        /       /
  /            /                    /              /
  /         /          /      /          /
  /         /    /            /          /
  /         /    /            /     /
```

schläft ihm der arm ein / steht er ganz vorsichtig auf und geht
in die küche / wirft keinen blick auf die dose / da oben / aus
lackiertem blech / auf dem schrank steht sie noch / rot / tritt hinaus auf den balkon / legt den kopf in den nacken / sieht sterne
zwischen den wolken / den mond / sinnlos wechselt die ampel
die farben / schräg gegenüber brennt licht / sonst ist alles dunkel /
er denkt nur an morgen / nein heute schon / hat seine uhr im
zimmer abgelegt bevor er ins bett ging / atmet zehnmal tief
durch / drüben wird er das rauchen aufgeben
schließt die balkontür / knipst licht an im flur / öffnet leise die
schlafzimmertür / durch den spalt fällt ein lichtstrahl / schneidet
scharf aus / :den teppich sein hemd auf dem boden das fußende
des bettes die schuhe davor / verbreitert den spalt / und kommen
in sicht / der stuhl / auf dem die kleider liegen / die formlose
rolle ihres schlafenden körpers unter der decke / blendet sich als
der lichtstrahl in den spiegel fällt gegenüber / erschrickt über den
der da steht / nackt in der tür / leicht gebückt und wie lauernd /
die eine hand auf der klinke die andere gegen den pfosten ge-
stützt / zieht die tür weiter zu / verschwindet da aus dem spiegel /
geht durch das zimmer / nimmt aus der hose zigaretten und
streichhölzer / geht zurück / die hand schleifend am schrank /
schließt die tür hinter sich / setzt sich aufs klo und raucht
:nur zurückgehen / sie liegt da / den kopf leicht vornübergeneigt /
atmet gleichmäßig durch die nase / leise röchelnd irgendwo in-
nendrin in der kehle / greift behutsam den hals / legt die daumen
ganz leicht / ohne druck / nebeneinander auf die knorpelige
stelle gleich unter dem kinn / spürt in den handflächen das pul-
sieren des blutes das durch die halsschlagader fließt / drückt zu /
nicht heftig sondern langsam mit gleichmäßig sich verstärkendem
druck der daumen / stößt auf knorpeligen widerstand in ihrer
kehle / den gilt es zu brechen / drückt fester und läßt nicht nach /
hält zu hält fest zu / sie öffnet die augen / reißt den mund auf /
greift sinnlos um sich / zieht zerrend an seinen händen / gräbt

ihre fingernägel in die angespannten muskeln seiner unterarme /
stößt mit den beinen / windet sich ist ganz stumm / er schließt
seine augen / läßt nicht los läßt nicht los / fallen ihre hände seitwärts
herab / sie gibt nach / wird schwer / er läßt sie nie wieder
los / öffnet die hände / läßt sie hinausgleiten aus der umklammerung
zurück auf das kissen / sie starrt gradeaus / hat gar
nicht die augen verdreht / er nimmt aus dem kleiderschrank zwei
plastiksäcke und den gürtel des mantels stülpt ihr den einen sack
über den kopf / zieht ihn abwärts bis zu den knien / steckt in den
anderen dann ihre füße / zieht ihn aufwärts bis an die brust /
und bindet den gürtel fest um die hüfte und um die arme / hebt
das raschelnd verpackte paket vom bett und schleppt es ins bad /
legt es so leise wie möglich da in die wanne / geht zurück ins
schlafzimmer / nimmt aus dem wäschesack neben dem schrank die
schmutzige wäsche / trägt sie ins bad und wirft sie über die
leiche / die wanne ist voll und sie ist begraben / nimmt gleich
mit / alle dinge die ihm gehören / macht das bett / schafft ordnung
/ putzt ab / was er angefaßt hat in diesen zwei tagen /
kleidet sich an / verpackt seine sachen / geht in die küche / holt
vom schrank die rote dose / entnimmt ihr ein päckchen / verstaut
den rest in der tasche / reibt die dose ab mit dem handtuch /
stellt sie zurück auf den schrank / zieht seine handschuhe an /
knipst alle lichter aus in der wohnung / nimmt seine tasche / öffnet
die tür / draußen im flur ist es dunkel / steckt leise den schlüssel
ins schloß / schließt geräuschlos die tür ab / tastet sich abwärts
am handlauf / bleibt stehen und lauscht / nichts ist zu hören / öffnet
die haustür / ist nicht verschlossen / warum auch

drückt seine zigarette aus / steht auf / geht zurück in das zimmer
in dem sie liegt / gleichmäßig atmend / legt sich neben sie /
dreht sich auf den bauch / sie murmelt im schlaf unverständliches /
bettet den kopf in die arme / bemüht sich zu schlafen / schläft
auch / freilich nicht tief / und wenn er erwacht denkt er nur
:morgen / :nachher / zwingt sich / der die da neben ihm atmet
die leise röchelnde kehle nicht zuzudrücken

schützt kopfschmerzen vor am morgen / nimmt willig die beiden
tabletten die sie ihm bringt und trinkt wasser / liegt still im bett
und lauscht den geräuschen die sie im bad macht und dann in
der küche / läßt sich auch noch auf die stirn küssen zum abschied /
und richtet sich auf / mit steifem nacken und stillgehaltenem
kopf / leise stöhnend und sich mit der rechten hand die augen

bedeckend legt er sich wieder hin / verspricht im bett zu bleiben bis sie zurückkommt / hört das klappen der tür / den fahrstuhl / zählt noch bis dreißig / springt aus dem bett / packt hastig zusammen / kleidet sich an / holt die dose vom schrank / schüttet das geld in die tasche / sieht auf die uhr / hat noch zeit um zu essen / sich zu rasieren / geht nocheinmal durch die wohnung / hat nichts vergessen / zieht die tür ganz leise ins schloß / fährt abwärts
steht auf der straße / sieht sich um / nach links und nach rechts / die ampel zeigt grün / biegt rechtsab / den weg den er kennt / fällt von ihm ab alle anspannung / wird alles spröde in ihm / bröckelig wie trockener lehm / krümelt ab / fällt auf die straße / bleibt liegen / schlägt nie wieder aus / wird zertreten werden / trägt niemals mehr tausendfältige frucht
die erinnerung an vieles was er längst hatte vergessen wollen / stapel und stapel unscharfer fotos / vergilbt und abgegriffen / verknickt schon zum teil / geordnet nach einem system das er nicht begreift / nicht filme / standfotos vielmehr / 6x9 im format / überbelichtet und eingestellt auf die falsche entfernung / manche zu dunkel / verwackelt / und menschen die er schon längst nicht mehr kennt / ohne köpfe die meisten und abgeschnitten unter dem knie / rümpfe vor türen in gärten auf bänken / gestorben wahrscheinlich die meisten / wie die in der wanne / im plastiksack verschnürt / begraben für lange unter schmutziger wäsche
geht zum bahnhof / hat den schritt nicht zu richten nach anderen / bestimmt alle abläufe selbst

das war die beschreibung seines besuches in K.

fährt ab in K. mit dem zug 9 Uhr 17
fährt ab auf bahnsteig 3 mit dem eilzug nach M.
trifft ein in M. drei minuten nach elf
steigt um in M. in den bahnbus nach O.
fährt ab 11 Uhr 30
kommt an um halb eins
kommt an in B. mit zwanzig minuten verspätung / der bus fuhr sehr langsam / die straße war kurvenreich und sehr schmal / hier oben liegt noch viel schnee

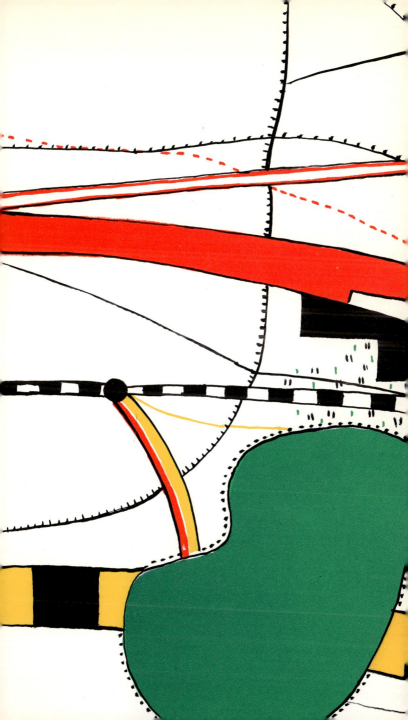

geht durch das dorf / geht nicht zu langsam und nicht zu schnell /
hat ja einkalkuliert : verzögerungen / schlägt ein die richtung zur
grenze / geht nicht über wege / querfeldein / der schnee ist ganz
unberührt weiter draußen / es hat in der nacht wohl gefroren :der
schnee ist harschig / braucht niemals die karte aus der tasche zu
nehmen / die wirklichkeit stimmt überein / geht einen leichten
hang hinab / vorsichtig um nicht zu fallen / seitwärts mit quer-
gestellten füßen / sieht unter sich den mischwald im schnee / und
quer durch den wald / vom einen ende der aussicht / beschnitten
links von einem dichten gehölz und rechts von der lehne des
hanges / zum anderen / verläuft der bahndamm / die grenze

er erreicht den wald / setzt sich auf einen baumstumpf von dem
er den schnee streicht / hat abgesetzt die tasche / den mantel
geöffnet / sieht auf die uhr / vergleicht mit dem zeitplan hinten
im kopf :er stimmt überein / er ist nicht ermüdet / könnte jetzt
laufen / quer durch den wald / stunde um stunde

nimmt wieder auf :die richtung zur grenze / klopft schnee ab vom
mantel / bricht ein durch den harschigen schnee / durch das dünne eis das er bedeckt / der wald steht im wasser / die birken die
kiefern knietief im wasser / das gehen wird jetzt beschwerlich /
sucht nach links und rechts festen und trockenen grund / findet
nur knietiefes wasser unter dem dünnen eis und dem körnigen
schnee / offene lachen hier und da / bricht krachend ein bei jedem
schritt

findet eine kahlgeschlagene anhöhe / die ist trocken unter dem
schnee / bleibt stehen da um auszuruhen für einen augenblick /
bückt sich / wringt aus den hosenbeinen das eiskalte wasser /
stampft auf mit den füßen

steht da im runden ausschnitt des fernglases / bückt sich und
nestelt an seinen schuhen / stampft auf / blickt um sich / sucht
in den taschen des mantels / steckt sich eine zigarette an / bläst
lange fahnen aus / die steigen auf / entschweben über den oberen
rand des ausschnittes des glases

blickt um sich / zieht noch einmal tief an der zigarette / die er /
kurzgeraucht zwischen daumen und zeigefinger hält / bückt sich
und drückt die kippe aus / zischend im schnee / muß wieder
runter vom trockenen hügel / ins brechende eis und ins wasser /
es ist nicht mehr weit bis zum bahndamm / ein kurzes stück freies
feld gleich hinter dem wald / zehn schritte nur zwischen dem
lichten wald und dem bahndamm / das war nicht verzeichnet auf

seiner karte / geht mit steifen schritten / bricht ein / hofft bei
jedem schritt festeren boden zu finden / betritt nur zögernd die
weiße glatte fläche / zieht den zweiten fuß nach und bricht ein /
bei jedem schritt / hört nicht den anruf / die stimmen von männern / das kläffen kurzgehaltener hunde / beginnt zu laufen
durchs krachende eis / hebt kaum noch die füße / bricht das
eis vor sich auf / fällt / schlägt ins wasser / bleibt keuchend
liegen
im brennenden mund den geschmack von stein / frißt er schnee
vom boden und eis mit schmerzenden zähnen / hört krachende
schritte und hundegebell / stimmen zittern im gras / eisränder /
glasig gebrochen halten abgestorbenes schilf / er hebt den kopf /
sieht durch die entlaubten bäume das freie feld und den bahndamm / gräbt die schuhe ein durch das eis durch das wasser auf
festeren grund / greift die tasche ganz kurz an den henkeln /
springt auf / läuft gebückt / stolpert / hört nichts / läuft im ton-
losen luftleeren raum / stürzt / fängt den sturz ab mit den händen / reißt sich auf die haut am kantigen schotter / unter dem
dünnen schnee / richtet sich auf / da schlägt es ihm zweimal
hart in den rücken / dringt in ihn ein / ein dicker stock / der geht
nicht mehr weg / der stoß macht ihn schwach in den knien / tut
gar nicht weh / macht ihn nur taub / er torkelt den bahndamm
hinauf / steht steif da oben zwischen den schienen / knickt ein /
fällt um / rollt hinab auf der anderen seite / fällt ganz weich in
den tiefen tiefen schnee   /

/   /   / kommt zurück von / woher / öffnet die augen /
sieht über sich den himmel / :hellgrau / der steht ganz still / und
dreht sich nicht / er richtet sich auf / wälzt sich auf den bauch /
preßt sein gesicht in den schnee / im schnee schlägt sein herz /
und rundherum ist es still / nur sehr weit weg dengelt jemand
eine sense mit rasenden schlägen / er zieht die knie unter den
leib / steht auf und schlägt wieder hin / unter ihm ist der schnee
rot getaut / stützt sich auf hände und knie und kriecht auf den
bahndamm / in seinem rücken fressen zwei tiere / legt sich hin
zwischen die schienen / auszuruhen für eine kurze zeit :wartend
nur bis der schmerz nachläßt / dreht er seinen kopf hin und her /
macht sich ein haus / eine mulde im schnee / schließt die augen /
wo die tasche denn sei / gleich wird er sie suchen / in heftigen
stößen treibt rötlicher staub / legt vor die augen brennende
schleier und benimmt dem mund alle feuchtigkeit / er muß die
fenster gleich schließen / verkneift die brennenden augen

hört wie stein an stein schlägt und schlurfende schritte im schotter / reißt die augen auf / hebt mühsam den kopf / da kommen in sicht :die kahlen kronen der bäume / die gleise / und der / kommt gegangen mit schlurfenden schritten im flachen schnee / stolpernd über die schwellen / und seine kiefer mahlen knirschend und brechen / er wälzt sich auf den bauch / will die beine unter den körper ziehen / aufstehen / weglaufen dem da dem blut aus dem mund rinnt / die beine machen nicht mit / sind kalte schläuche / säcke / halb nur gefüllt mit nassem sand / der kommt taumelnd näher / sieht gradeaus / als läge er gar nicht da / vorwärtsrutschen / packt vor sich die schwelle / zieht sich voran von schwelle zu schwelle / greift mit brechenden nägeln das splitterige holz unterm schnee / gewinn vorsprung vor dem / der kommt nur langsam voran / bricht ein in den knien / fängt sich wieder und taumelt / und er zieht sich weiter / der macht nicht mehr lange / bringt raum zwischen den da und sich / dem kann er entkommen / zerrt sich vor / noch ein stück :da ist es zu ende / klemmt mit den schultern zwischen den schienen und vorne laufen die gleise zusammen / so hat er den horizont endlich erreicht in wenigen metern / zwängt sich noch vor / ist eingekeilt / kann nicht vor nicht zurück / streckt die arme aus wie ein schwimmer / will die stelle erreichen an der die schienen sich treffen / reckt die finger / zum ende fehlt noch ein ganzes stück / kann die arme nicht mehr bewegen / legt den kopf / seitwärts geneigt auf die schienen / wartet auf den der ihm folgt mit unablässig mahlenden kiefern / reckt den kopf und schlägt ihn krachend ans eisen / schlägt die brille kaputt / die splitter schneiden ihm tief in die augen / fetzt sich den bügel vom kopf / verbeißt sich im schotter mit brechenden zähnen / wirft den kopf in den nacken / verdreht ihn nach rückwärts / hält sein gesicht entgegen dem der ihm folgt

das ist das ende der beschreibung einer verfolgung

RÜDIGER KREMER, geboren 1942 in Schwerte. Studium der Germanistik, Kunstgeschichte und Publizistik an den Universitäten Münster und Wien. Redakteur bei Radio Bremen.
„Beschreibung einer Verfolgung" ist die erste Buchveröffentlichung.

PETER BRÜNING, geboren 1929 in Düsseldorf. Studium an der Hochschule für bildende Künste in Stuttgart bei Willi Baumeister. 1952–1954 Aufenthalt in Frankreich. Erste kartographische Bilder 1964. Seit 1969 Professor an der Kunstakademie Düsseldorf.
1956 Cornelius-Förderpreis, 1959 Stipendium des Kulturkreises, 1961 Villa-Romana-Preis und XII. Premio Lissone, 1964 Honorable Award auf der III. Internationalen Biennale in Tokio.
Zahlreiche Einzelausstellungen und Beteiligungen an Gruppenausstellungen im In- und Ausland.

© by Verlag Eremiten-Presse, 1970
6372 Stierstadt im Taunus, Schloß Sanssouris
Erstausgabe   ISBN 3 87365 001 0
Umschlaggraphik: Peter Brüning
Umschlagdruck: Klaus Flatau, Frankfurt
Gesamtherstellung: Robert Bardtenschlager, Reutlingen

Die ersten Exemplare dieses Bandes sind von 1–200 handnumeriert und von Rüdiger Kremer und Peter Brüning signiert.

BROSCHUR jeder Band DM 6,80

zeitgenössische Literatur und Originalgraphik in bibliophil ausgestatteter, preiswerter Ausgabe.

GERD HOFFMANN – Chirugame, Beschreibung. Mit einer Zuschreibung von Heinrich Böll. 5 farbige Originalgraphiken von Michael Hühnerfeld Broschur 1

OTTO JÄGERSBERG – der Waldläufer Jürgen, Prosa. 4 farbige Originalgraphiken von Jürgen Wölbing BROSCHUR 2

CHRISTA REINIG – Schwalbe von Olevano, Neue Gedichte
4 Original-Linolschnitte von Axel Hertenstein BROSCHUR 3

PETER O. CHOTJEWITZ – Ulmer Brettspiele, Gedichte
4 farbige Originalgraphiken von Peer Wolfram BROSCHUR 4

FELIX REXHAUSEN – Von großen Deutschen, Satiren. 4 farbige Originalgraphiken von Walter Zimbrich BROSCHUR 5

TILO KEIL – Hautbilder, Photomontagen. Vorwort von Prof. Dr. Dr. Hans Giese BROSCHUR 6

GÜNTER SEUREN – Rede an die Nation, Prosa   4 farbige Originalgraphiken von Horst B. Baerenz BROSCHUR 8

PETER O. CHOTJEWITZ – Abschied von Michalik, Erzählungen
5 farbige Originalgraphiken von Klaus Endrikat BROSCHUR 9

GABRIELE WOHMANN – Sonntag bei den Kreisands, Erzählungen. 7 Originalgraphiken von Heinz Balthes BROSCHUR 10/11

RÜDIGER KREMER – Beschreibung einer Verfolgung, Prosa
4 farbige, ausklappbare Originalgraphiken von Peter Brüning
BROSCHUR 12

GERHARD RÜHM – Knochenspielzeug, Märchen und Fabeln
4 farbige Originalgraphiken von Christian Ludwig Attersee
BROSCHUR 13

FRIEDRICH EGE (Herausgeber) – Kriegerische Sätze
8 farbige Original-Linolschnitte von Axel Hertenstein
Broschur 14/15

JENS REHN – Das neue Bestiarium der deutschen Literatur
6 Originalgraphiken von Bert Gerresheim BROSCHUR 16

MAX VON DER GRÜN – Urlaub am Plattensee, Prosa. 4 farbige Originalgraphiken von Peter Kröger BROSCHUR 17

Die Reihe wird fortgesetzt. Verlangen Sie unser ausführliches Verlagsverzeichnis.

VERLAG EREMITEN-PRESSE
6372 Stierstadt im Taunus, Schloß Sanssouris